L6 41/1211

LETTRE,

DU CITOYEN JAUBERT,

AU CITOYEN **.

CONTENANT

La relation de ce qui s'est passé à Lazare dans le courant de messidor et thermidor, de l'an deux de la République.

Tu m'invites, mon ami, de publier ce qui s'est passé à Lazare dans le courant de thermidor ; tu m'assures qu'on m'impute ces désastres, que la calomnie invente chaque jour des nouvelles horreurs pour égarer l'opinion de mes amis sur mon compte, qu'il est tems de déchirer le voile sur ces mystères d'iniquités.

A

J'avois préféré jusqu'ici de les ensevelir dans la nuit du silence, pour ne pas donner aux puissances étrangères des armes contre nous, & inspirer des préventions contre le gouvernement & dégouter les peuples de notre révolution; j'avois mieux aimé faire oublier l'erreur de quelques-uns de nos concitoyens, en faveur des services signalés qu'ils avoient rendus à la république : puisque tu es persuadé que mon silence me seroit nuisible, entacheroit ma vie morale, & procureroit en même tems l'impunité aux vrais auteurs de ces événemens, je vais essayer d'en tracer le souvenir déchirant.

FAITS.

Depuis long-tems les prisonniers de Lazare essuyoient les privations des choses les plus nécessaires à la vie ; on avoit eu la barbarie de refuser du lait à des femmes enceintes, on a chassé même des gardiens pour leur en avoir procuré : on ne permettoit qu'un seul repas, qui consistoit dans quatre onces de viandes, deux portions de légumes des plus modiques, dont la malpropeté étoit dégoutante ; il n'y avoit que le pain de supportable.

Toute lettre pour ses affaires les plus pressantes étoit interdite ; on confisquoit l'argent que nos parens, nos amis nous envoyoient ; on étoit enfin comme mort à la société & abfolument féparé du monde.

On pouvoit jeter les yeux dans la rue Paradis par une grande fenêtre au bout d'un corridor ; c'eſt-là qu'on pouvoit jouir du bonheur de voir fes amis & fes parens, en tremblant pour leur sûreté, étant à chaque inſtant expofés à être enlevés par les rondes que les adminiſtrateurs de police faifoient conſtamment autour de ces lieux. Cet inſtant de félicité étoit encore troublé par des gens qui, chaque jour nous annonçoient par des geſtes, trop expreſſifs, que nous étions deſtinés à être guillotinnés ; on remarquoit entr'autres un *fort de la Halle* qui venoit très-fouvent nous donner cette affreufe pantomime.

Ces tableaux lugubres, la mauvaife nourriture, la barbarie du concierge, la folitude morne à laquelle on étoit livré ; tout concouroit à fatiguer l'eſprit, à abattre l'ame, (1) à entretenir la douleur.

---

(1) *Extrait d'une lettre écrite fous le règne de Robeſpierre, au comité de sûreté générale, le 13 floréal, par le citoyen* JAUBERT, *en faveur des Belges détenus.*

CITOYENS REPRÉSENTANS,

Vous avez appris la mort funeſte de *Wankuffe* au Luxembourg, le citoyen *Vanfevre*, belge réfugié, conduit à Lazare

Les vieillards furent les premiers à se ressentir des suites de ce cruel régime, leur situation pénible ne put jamais émouvoir les administrateurs de po-

---

depuis quatre jours, n'a pu également supporter la privation de la liberté.

Vansevre, bon & sensible, dévoué à la nation françoise n'a pu calmer la douleur & le désespoir d'y être persécuté; il a voulu comme Wankuffe mettre fin à sa carrière, en se précipitant du troisième étage de la maison de d'arrêt Lazare. ...... Hé! qui sont ceux qui nous ont dénoncés? des hommes sans état, sans mœurs, sans probité, sans morale, & ce sont de pareils hommes qui plongent dans les fers par les intrigues les plus dégoutantes, des citoyens connus par leurs lumières, leur patriotisme; les familles à qui ils appartiennent. Les sacrifices & les souffrances que nous avons supportés, sont donc comptés pour rien? Et au lieu de liberté promise, nous sommes traités sans pitié pour nos malheurs & ceux de nos familles; où est donc cette sensibilité pour l'infortune & la persécution? Où est donc cette protection si solemnellement promise? Où est donc cette justice & cette probité mises à l'ordre du jour? Des intrigans l'ont donc étouffée? Vansevre, l'ami de la liberté, n'a pu survivre à ces réflexions désespérantes.

La mort n'est-elle pas préférable à une détention prolongée au-delà de plusieurs mois? La mort n'est-elle pas préférable à l'ignominie, d'être traité comme suspect.....? Rendez-les à la liberté, pour l'honneur de la nation, il importe à ses intérêts que les hommes vertueux soient séparés des méchans lice. (1) Ils refusèrent avec opiniâtreté de laisser entrer du bouillon, des médicamens; ce n'est qu'après les sollicitations les plus pressantes, qu'après avoir mis sous les yeux les peintures les plus touchantes, qu'on put obtenir de faire entrer un peu de tisanne & du tabac (3) en poudre.

Les journaux avoient une entrée des plus difficiles, & c'étoit toujours au poids de l'or ; nous apprenions par cette voie, les nouvelles des succès de nos armées. Les armes de la république partout victorieuses nous consoloient de nos maux, nous apprenions aussi par cette voie les différens

---

& que nous puissions dire à nos parens, à nos amis dans la Belgique, que nous n'avons pas réclamé envain la justice de la nation françoise.

(2) L'administrateur, *Bergo*, étoit ivre la plupart du tems, s'il venoit à jeun à lazare, il commençoit sa journée par un copieux déjeûner avec sa commère *Semé*; le jour de la fête à l'Être-Suprême, il trouva le vin si délicieux, qu'on fut obligé de le coucher ; il ne se réveilla que vers le soir, furieux contre sa commère de n'avoir pas été éveillé pour aller en grand costume à la fête.

(3) Nous réussîmes à tromper la surveillance de nos argus ; on étoit parvenu à faire remplir des grosses bouteilles, de vin malaga vieux, sur lesquelles on attachoit un étiquette, où écrivoit *tisanne*. On remplissoit de même un bocal de café en poudre, sur lequel on faisoit écrire *tabac en poudre*.

complots que l'on attribuoit aux prisonniers : réunis en petit comité d'amis, nous ne nous diffimulions pas les craintes qu'on ne cherchât à en forger un pour la maison Lazare ; nous ne nous diffimulions même pas, qu'il y avoit un projet de porter les détenus au défespoir par les traitemens les plus inhumains. Nous avons calculé plus d'une fois envain, qu'elle feroit la fin de la tyrannie de *Robefpierre*, & à quoi aboutiroit le fyftème cruel de la terreur.

Telle étoit notre fituation à l'époque, où le commiffaire des adminiftrations civiles, police & tribunaux eft venu à Lazare.

Nous avons fu qu'il avoit fait appeler les nommés *Marini* & *Coquerie*, ferruriers ; nous avons cru que c'étoit un membre de la commiffion populaire qui venoit interroger les détenus ; tous les cœurs étoient livrés à l'efpérance, chacun de nous croyoit faire entendre le cri de la vérité & démontrer que fon arreftation étoit l'effet des haines ou de vengeances perfonnelles. On me fit auffi appeler dans la chambre du concierge *Semé*, j'y vis deux citoyens qui en étoient inconnus, l'un d'eux m'adreffant la parole, me dit :

Je fais que tu es un bon patriote, je connois ta probité, j'efpère que tu juftifieras l'opinion que j'ai de toi.

Voici un ordre du comité de salut public, de rechercher dans les maisons d'arrêts les ennemis de la révolution.

Je pris l'ordre & le lus en entier; il me demanda ensuite ;

As-tu connoissance d'un complot d'évasion à Lazare ?

Je répondis que non, que si ce complot avoit existé, il auroit été difficile qu'il eût échappé à la surveillance des patriotes qui étoient à Lazare.

Il me demanda,

Les prêtres & les nobles ne sont-ils pas les ennemis de la révolution ?

Je répondis :

Je ne crois pas qu'ils aiment le gouvernement révolutionnaire, mais je n'ai aucunes preuves matérielles qu'ils soient les ennemis.

Il demanda,

Comment vivent-ils, comment se conduisent-ils ?

Je répondis :

Qu'ils vivoient entr'eux, que le langage de la révolution leur étoit étranger, qu'ils croyoient plus facilement à nos revers qu'à nos victoires; que ces indices me portoient à croire qu'ils n'aimoient pas la révolution.

Voilà bien la preuve contraire, dit-il, qu'ils en font les ennemis.

Il me demanda ensuite, *connois-tu Manini ?*

Je répondis que non, que ses traits m'étoient même étrangers.

Il est facile à reconnoître, répondit-il, il est seul des détenus qui porte des lunettes ; informe-toi ce que c'est que MANINI ; il a dénoncé qu'il avoit découvert un complot d'évasion à Lazare : je n'ai pas grande confiance dans cet homme qui bavarde beaucoup. Voilà les listes des complices qu'on m'a données ; & il se mit à m'en lire les noms.

Je vis avec frémissement plusieurs de mes amis notés sur ces listes, & nombre de citoyens & de citoyennes incapables de conspirer contre leur patrie. Je m'élevai fortement contre cette dénonciation, au risque de me compromettre, je pris la défense de ceux que je connoissois avec assez de fermeté pour les rayer des listes. (4)

_____

(4) Voici les noms des citoyens que Jobert parvint à faire rayer.

Les citoyens, Durouff, Mollin, Martin, Poissonnier, père, medecin de réputation ; Millin, Montron, Delmas, Duparc, Legate, Pardaillan, ex-constituant.

Les citoyennes, Franquetot, Glatigny, Lassolay & sa fille.

Je ne fus pas aussi heureux pour le jeune *Maillé*, je représentai inutilement qu'il n'étoit qu'un étourdi de 16 ans, qui ne songeoit qu'à folâtrer.

Laissons-le toujours, me dit-on, il s'en retirera peut-être.

Et *Duclos*, en qui je n'ai remarqué que de l'attachement à sa patrie ; *ho! pour celui-là, c'est un chevalier de Saint-Louis*, me répondit-on encore.

On me requit de signer mes observations, ce que je fis sans balancer.

Celui qui m'interrogea me dit alors, en regardant sur les listes qu'il avoit entre les mains ; *en voilà une centaine, il doit y en avoir plus que cela ici.* Je lui répondis : JE NE CROIS PAS QU'IL Y AIT BEAUCOUP DE CONSPIRATEURS ICI. *Nous en avons trouvé trois cens au Luxembourg, nous en trouverons bien autant à Lazare*, répondit le commissaire.

J'étois très-attentif à jeter les yeux sur les listes & les papiers qui étoient sur la table du commissaire, j'en pris même une que je conserve précieusement pour confondre l'auteur en cas de besoin. J'ai lu aussi plusieurs pièces, dont une entr'autres, étoit une dénonciation, qui parut être de l'écriture du concierge, où il étoit dit :

Qu'il se faisoit des rassemblemens d'aristocrates

dans la chambre de la ci-devant comteſſe de FLAVIGNI; dans celle de la citoyenne CAMBON, femme d'un préſident du parlement de TOULOUSE; & chez la citoyenne LASSOLAY.

Le greffier étoit conſulté & vérifioit les écrous pour fixer l'opinion du commiſſaire & guider ſon travail.

Dès l'inſtant que je fus renvoyé par ce commiſſaire, je me rendis dans la chambre des citoyens *Millin* & *Cholet*; le citoyen *Seymandi* s'y rendit auſſi, & là je leur rendis compte de mon interrogatoire; de la dénonciation de *Manini*, des liſtes que j'avois vues, & de la défenſe hardie que j'avois oſé prendre de pluſieurs citoyens, que j'ai même été aſſez heureux de faire rayer. Je leur témoignai le deſir que j'avois eu d'en faire davantage; mais qu'il ſeroit poſſible que je fuſſe moi-même victime de mon zèle.

Je rendis auſſi compte à *Duroure* des mêmes faits; &, connoiſſant ſa fermeté, je n'héſitai pas à lui confier qu'il étoit noté ſur une liſte que j'avois vue.

La tête foible de *Millin*, accablé par des chagrins & des ſouvenirs douloureux, ne m'a pas permis de lui faire la même confidence; *Seymady* & *Cholet* en furent ſeuls informés.

J'engageai la citoyenne *Glatigny* à prévenir *Duclos* du malheur dont il étoit menacé ; elle l'amena, avec beaucoup d'adresse, à s'occuper de sa défense ; peu-à-peu nous lui fîmes pressentir sa destinée : il l'a vit de sang-froid, s'y prépara avec courage ; & nous l'aidâmes, avec le citoyen *Duroure*, à faire un mémoire pour prouver son patriotisme & son innocence. Je l'avois embrassé avant son départ ; je l'avois encouragé à se défendre avec confiance (5). Il a suivi mes conseils ; & il a été acquitté & ramené à Lazare, où il a été témoin de la joie que j'éprouvois de le presser encore contre mon cœur.

J'avois lu chez un écrivain public à Lazare des certificats de civisme donnés à la citoyenne *Franquetot* & au citoyen *Montron*, par leurs communes & leur département ; je leur en demandai des copies pour justifier les reclamations que j'avois faites en leur faveur.

Quelques jours après la visite du commissaire à Lazare, il y revint, & mes amis s'empressèrent de m'en prévenir. Je leur disois : mais je n'ai que

---

( ) Au moment où *Duclos* étoit sur les banquettes du tribunal, Jaubert envoya, par un exprès, à l'accusateur public une déclaration à décharge de l'accusé, pour affirmer son patriotisme, signée par trois patriotes connus.

faire chez lui ; s'il me demande, j'irai. Alors, ils me repréſentèrent que ſi je n'y allois pas, ils ne ſauroient rien de ce qui ſe paſſeroit ; que je pourrois encore ſauver d'autres victimes ; qu'eux-mêmes n'étoient pas ſans inquiétudes ſur leur ſort. Je me rendis à leurs vœux ; & je fis demander au commiſſaire une conférence. Il me l'accorda ; & je lui dis :

Je viens vous répéter qu'il n'y a point de conſpiration à Lazare ; que *Manini* n'eſt point un homme en qui on peut avoir confiance : *c'eſt un comte du Milanès, qui veut à tout prix obtenir ſa liberté.*

J'ai pris la défenſe de quelques citoyens compris dans cette conſpiration. Voilà, lui dis-je, des notes & des certificats qui prouvent leur civiſme, qui prouvent qu'ils peuvent être comptés au nombre des amis de notre révolution.

On accueillit ces pièces ; & on me répondit : ſavez-vous que *Manini* nous a dit *que vous étiez un agent de l'Empereur*. Je répondis au commiſſaire, que celui qui avoit été priſonnier-d'état en Autriche, pendant trois mois, pour avoir défendu les principes de la révolution françoiſe ; qui avoit abandonné ſa famille, ſes amis, ſa fortune, pour s'attacher aux deſtinées de la république, ne pouvoit être l'agent d'un tyran, dont il avoit éprouvé les injustices & les persécutions les plus cruelles.

On me demanda un mémoire; j'en avois un de préparé, où je traçois ma vie morale & politique : on parut en être satisfait.

Je ne m'apperçus pas qu'on eût ajouté d'autres citoyens au travail du commissaire; & je me retirai pour tranquiliser mes amis : je ne le revis plus.

Il résulte de ce travail abominable, que quatre-vingt personnes environ furent envoyées au tribunal révolutionnaire.

Le même jour, *Manini & Coquerie*, se firent transférer au Plessis (6). Le lendemain des gendarmes vinrent chercher *Pepin de Grouette*, *Mollin* & un jeune gardien, pour témoigner contre les prévenus de cette conspiration. *Manini & Co-*

───────────────

(6) *Manini* ne fut pas plutôt arrivé au Plessis, qu'il fut soupçonné d'y organiser la découverte d'une conspiration, & d'en faire la liste des membres. C'est qu'il mit à prix sa protection, & recevoit de l'argent des nobles, que la terreur de son nom avoit rendu prodigues. Le citoyen Leduc est invité, au nom de la patrie, de publier les renseignemens qu'il a sur cette manœuvre abominable.

Qui se tait dans les circonstances où nous nous trouvons, est un mauvais citoyen.

querie, quoique dénonciateurs, fervirent auffi de témoins.

A leur retour, nous apprîmes que *Pepin de Grouette*, interpelé s'il connoiffoit les accufés, s'étoit retourné infolemment vers eux, les avoit lorgnés long-tems, les uns après les autres; &, s'adreffant aux jurés, il leur avoit dit : *Je ne vois aucun patriote parmi ces gens-là ; ce font tous des ariftocrates* (7).

Interpelé s'il avoit exifté une conjuration à Lazare ? il affirma que *oui*, & qu'il l'avoit dénoncée aux autorités conftituées.

Interpelé s'il avoit vu que les nobles avoient placé des fleurs-de-lys pour en parer leurs fenêtres, en haîne de la révolution? il répondit que *oui ; qu'ils les avoient vus*.

J'AFFIRME, ET TOUT LAZARE AFFIRMERA AVEC MOI, QUE CES PRÉTENDUES FLEURS-DE-LYS ÉTOIENT DES SIMPLES TUBÉREUSES.

Duclos fut vivement apoftrophé par *Manini* dans les débats ; *il lui foutint qu'il étoit un confpirateur, parce qu'il avoit parlé à un détenu qu'il*

───────────────

(7) Voyez les débats de cette procédure, imprimée chez Clément, en face du palais de Juftice, & on y acquerrera les preuves de la perfidie des dénonciateurs, des témoins, des auteurs des défaftres de Lazare.

lui désigna : voilà toute la preuve qu'il produisit contre ce bon citoyen, qui avoit commandé la garde nationale au Cap, dont les propriétés avoient été incendiées, & dont les infortunes étoient à leur comble.

Ces dénonciateurs & ces témoins, *Manini*, *Pepin Degrouette*, *Mollin*, & un gardien de Lazare, furent plusieurs fois déposer au tribunal révolutionnaire ; chaque fois il y avoit un dîner de préparé à la Buvette de la Conciergerie, payé par Fouquier Thainville (8); & là, en présence des gendarmes, chacun se vantoit du nombre des victimes qu'il avoit conduit à l'échafaud. C'est au milieu de ces orgies qu'ils méditoient sans doute encore de nouveaux forfaits (9).

Ce n'étoit pas le premier dont Pepin Degrouette étoit soupçonné : il étoit accusé d'avoir exigé des faveurs & de l'argent en même tems, des femmes des accusés traduits au tribunal du 10 août, dont il étoit président, & d'avoir eu la scélératesse de les avoir fait condamner à la mort ;

---

(8) Le traiteur a enregistré les noms de ces convives. On invite les incrédules de les aller vérifier.

(9) *Coquerie* se vantoit particulièrement de recevoir en don des assignats de 25 liv., *des Vergennes*, pour envoyer à sa femme qu'il accabloit de beaucoup d'autres bienfaits. *Cela n'a pas empêché*, dit-il *que je ne les aye fait guillotiner*.

D'avoir effrontément volé à toutes mains lorsqu'il étoit commis à l'Hôtel-Dieu,

Faits qui lui ont été reprochés publiquement & pour lesquels il a été chassé de l'assemblée électorale de 1793.

Voilà ces monstres exécrables qui ont conduit à l'échafaud quatre-vingt détenus de Lazare, & qui ont conçu l'espérance illusoire d'échapper à la juste punition de leurs crimes, en servant les projets cruels de Robespierre; ce sont ces tigres altérés de sang, qui ont cru détourner la vengeance publique de dessus leurs têtes coupables, en m'accusant d'être l'auteur des événemens funestes qui se sont passés à Lazare.

Je demanderai aux citoyens qui voient les choses sans prévention:

Ai-je dénoncé qu'il existoit un projet d'évasion à Lazare?

Non, c'est *Manini, Pepin Degrouette, & Coquerie.*

Ai-je donné la liste des personnes qui ont formé ce complot?

Non, c'est *Manini, Coquerie, Pepin Degrouette, Gelibert, & Piron* (10).

___

(10) *Coquerie* alloit de chambre en chambre prendre les numéros & les noms des détenus; tout le monde trembloit, personne n'osoit même le jeter par les fenêtres.

Qui

Qui a provoqué la mission d'un commissaire à Lazare ?

C'est la dénonciation d'un projet d'évasion dénoncé par *Manini*, *Coquerie*, & *Pepin Degrouette*.

Qui sont ceux qui ont été déposer au tribunal révolutionnaire contre les prévenus ?

C'est *Manini*, *Coquerie*, *Pepin Degrouette*, *Mollin*, & un jeune gardien.

Qui sont ceux qui ont été au dîner payé par *Fouquier Thainville*, préparé à la Buvette de la Conciergerie ?

C'est *Manini*, *Pepin Degrouette*, *Mollin*, *Coquerie*, & le jeune gardien de Lazare.

Ces faits sont restés jusqu'ici ensevelis dans l'oubli ; les auteurs de ces désastres étoient intéressés à les cacher, & à jeter sur moi la défaveur & l'odieux de leur conduite. Je sais qu'ils ont réussi à surprendre la confiance de plusieurs bons citoyens ; mais j'ai cru devoir souffrir le blâme, la haine, les humiliations, plutôt que de révéler cette scène sanglante. Si je me suis tu, c'est par mon amour extrême pour la révolution ; c'est pour ne pas fournir des armes à nos ennemis, & des moyens de calomnier notre gouvernement.

Que l'on consulte mes amis les plus intimes & ceux à qui j'ai confié mes pensées les plus secrètes, ils vous diront si mon cœur simple & pur eût pu jamais se souiller du sang d'un innocent que j'au-

B

rois lâchement immolé à un homme dont j'avois preffenti la fin tragique par fon efprit de domination & de defpotifme.

Et vous, *Cholet*, *Millin*, *Seymendy*, *Dure* & *Duclos*, je vous fommerai un jour d'affirmer en face du peuple les vérités que je viens de tracer; je vous rappellerai vos angoiffes & vos fouffrances. N'étois-je pas le feul alors qui verfoit fur elles le baume de confolation, au péril même de ma vie?

Je vous fommerai de vous rappeler encore fi j'ai été un ami timide dans une circonftance auffi difficile que périlleufe.

Mon cœur a-t-il été infenfible au plaifir délicieux d'avoir contribué à arracher un innocent à la mort? Et lorfqu'on prit le citoyen *Goutière* pour un autre (11), n'ai-je pas été indigné de la méprife & de la légèreté d'un gendarme? n'ai-je pas, fur-le-champ, écrit à l'accufateur public pour arracher cette victime à fa malheureufe deftinée?

―――――――――――――――――

(11) On demande un citoyen : le nom étoit mal écrit; on ne pouvoit le déchiffrer : on croit y lire le nom du citoyen *Gouttière*, artifte renommé. *C'eft égal*, dit un gendarme, *il m'en faut encore un : peu m'importe quel, il s'expliquera au tribunal*. Ce fcélérat ne fentoit pas les angoiffes qu'il préparoit à ce vieillard infortuné, jufqu'au moment où cefferoit cette méprife cruelle.

sans m'arrêter sur les dangers que je courrai par une telle démarche, & il est revenu au milieu de nous étonné de son propre bonheur; mais j'ignore si c'est moi qui en suis l'auteur. Voilà ma conduite dans cete affaire, mon ami, juges-moi ; ma conscience ne me reproche rien. N'ai-je pas fait dans cette circonstance tout ce que la justice, l'humanité & la prudence me prescrivoient de faire pour arracher l'innocent à l'oppression & à la barbarie ?

Signé, Ch. Jaubert.

OBSERVATIONS.

Sur un passage d'un libelle intitulé : Guerre aux Intrigans.

Melletier, le confident du lâche *Dumourier*, le commissaire de la Belgique, de la façon des hollandistes, a pris le citoyen Jaubert pour son plastron ; ce serpent vénimeux vient de jeter sur lui son venin dans un nouveau libelle, où il lui prodigue les épithètes les plus révoltantes, tantôt comme un faiseur de listes de proscription, tantôt comme un espion gagé de l'empereur.

La lettre que je viens de publier sur la prétendue conspiration de Lazare suffira pour éclairer les bons citoyens sur les assertions fausses & calomnieuses du libéliste *Melletier*.

Quant à la lettre de Bender qu'il ose produire contre moi, elle déposera, par une explication naturelle contre lui, en découvrant la perfidie, l'impudeur & la méchanceté de ce vil calomniateur.

J'étois officier des chasseurs, en 1789, au service d'Autriche; je combattois, en cette qualité, les fanatiques de la Belgique, soudoyés par la Prusse, l'Angleterre & la Hollande.

Les troupes impériales ayant évacué ces contrées en décembre 1789, furent reparties sur la rive droite de la Meuse pour la défendre; je fus chargé alors par mes supérieurs, de reconnoître, avec un détachement de hussards & de chasseurs, les postes de l'armée des prêtres & nobles belges, depuis *Esseneux* jusqu'aux fauxbourgs de Liége. Je fis, heureusement, ces reconnoissances avec une si grande exactitude & précision, qu'elle me mérita, du général *Bender*, une lettre qu'il m'écrivit en 1790, aux avant-postes, que *Melletier*, dans son méchant libelle, ose présenter comme une preuve de mon espionnage, tandis qu'au contraire elle dépose authentiquement du développement de quelques talens militaires.

Voici cette lettre, qui fera juger de l'amour de *Melletier* pour la vérité : elle est datée de Luxembourg, en 1790, & adressée à Liége.

« Je suis très-sensible à l'attention que vous me
» témoignez par vos lettres, & encore plus à
» votre zèle pour notre auguste roi, dont vous

« me donnez tant de preuves par vos rapports
« assidus & conséquens ; je ferai toujours charmé
« de vous en marquer ma reconnoissance.

Signé, BENDER. »

Analysons cette fameuse lettre avec laquelle *Melletier* espère démontrer que je suis un espion ; & après en avoir observé chaque expression, n'y verra-t-on pas clairement la haine de *Melletier* prononcée contre moi.

Cet imposteur commence par omettre, malicieusement, la date, afin d'insinuer que je servois à la fois l'empereur & la révolution, ou que je sacrifiois l'une à l'autre ; mais le rétablissement de la date omise méchamment, détruit ces deux inductions injurieuses.

En 1790 je servois, il est vrai, dans les troupes Vallonnes ; on ne peut me contester le droit que j'avois alors de prendre l'état qui me convenoit dans un pays qui ne faisoit pas partie intégrante de l'empire françois, & qui ne lui est réuni que depuis 1792. Je servois, non pas comme un vil espion, mais comme un brave militaire qui sert utilement & honorablement son pays contre les ennemis de la philosophie & de la tolérance. La lettre que me reproche *Melletier* est un monument de mon zèle & de mon attachement à mes devoirs ; je le dépose contre sa malignité & sa noirceur ;

chaque expression m'honore, au lieu de me porter la moindre atteinte; & en effet, est ce le langage d'un général d'armée, d'un maréchal de l'Empire, d'écrire à son espion qu'il paie, & dont il se fait servir pour son argent, d'une manière si affectueuse? Que figureroient dans cette lettre, les mots de *sensibilité*, d'*attention*, de *témoignage*, de *zèle*, de *reconnoissance*, & autres expressions honnêtes renfermées dans cette lettre? Ce n'est pas là, encore une fois, le style d'un général d'armée à son espion qu'il paie bien & méprise de même, mais celui d'un général reconnoissant à un brave officier qu'il honore & estime pour ses bons & loyaux services. En vain, donc, *Melletier* voudroit faire croire que je ne me suis dévoué à la révolution françoise qu'à l'époque de la retraite de son ami Dumourier de la Belgique; car je n'étois plus au service de l'Autriche depuis que les allemands en avoient chassé & dissipé l'armée des nobles & des prêtres en 1790; il ne pouvoit pas ignorer encore que, le 24 octobre 1791, j'ai été arrêté à Mons, par ordre de ce même Bender, pour avoir écrit contre les émigrés & défendu les principes de la révolution françoise, conduit à Bruxelles, de là en Allemagne, par les satellites du tyran; je ne me suis échappé de leurs mains qu'à *Hervé*, par le secours de quelques liégeois, après treize mois de captivité, & d'où je suis venu offrir mes services aux généraux françois à Liége, pour combattre les autrichiens.

Ces faits sont attestés par des actes authentiques & irrécusables ; ils ont été imprimés plusieurs fois, pour repousser les calomnies, aussi étranges qu'absurdes, que forgeoient à l'envi les limiers de *Melletier*. On défie cet imposteur de prouver un seul fait qui me concerne, annoncé dans sa diatribe, dont je me promets bien de demander justice aux tribunaux, tant pour l'omission d'une date, dont les suites sont si funestes pour mon civisme, que pour les preuves matérielles qu'il dit être déposées au comité de sûreté générale : & je défie mon ennemi le plus acharné, de pouvoir me reprocher une action, que dis-je, une seule pensée, même contre les intérêts de la France ; pas une n'est indifférente, toutes tendent directement au bonheur & à la prospérité de la nation Françoise.

Je finis par une réflexion qui se présente naturellement pour confondre *Melletier*. Espère-t-il, avec son esprit turbulent, ramener les haînes diplomatiques des factions qui troublent la Belgique depuis 1787 ? Pouvoit-il croire que les François en nous offrant la liberté, alloient se charger de venger tous les partis, en nous demandant compte de notre conduite avant la déclaration de guerre, avant les réunions de ces contrées au territoire de la république ? Que feroit de plus un agent des puissances coalisées, pour jeter parmis les Belges des semences de discorde, afin de retarder la marche de la révolution & la propagation de ses principes indestructibles !

D'autres, avec un pinceau plus expressif, traceront les traits de mon ame naïve, et les distingueront de ceux qui caractérisent ces hommes de sang, dont j'arrache le masque pour les montrer à découvert. Pour moi, qui n'avoit à redouter que les ténèbres épaisses de la nuit dont on voulois m'envelopper, je me contente de saisir le flambeau de la vérité, pour les dissiper, & confondre, par sa lumière, les méchants qui ont voulu me perdre, en jetant charitablement sur moi tout l'odieux & le noir de leurs complots.

CH. JAUBERT.

www.ingramcontent.com/pod-product-compliance
Lightning Source LLC
Chambersburg PA
CBHW060921050426
42453CB00010B/1850